KB140299

"고등
문답"

한재윤 지음

한국학술정보

고등학생의 눈으로 세상 바라보기

이 책은 현재 고등학생의 눈으로 세상을 바라본 글입니다. 원고를 작성하기까지 첫 작품에 대한 설렘과 두려움이 공존했습니다. 열매를 얻기 위해 씨를 뿌려야 하는 과정이 필수적으로 수반되듯이 저에게도 이 작품은 그러한 일련의 과정이었습니다. 그리고 작은 조각의 학습들이 모이고 모여 짧게나마 담론을 구성했습니다. 더욱이 흐르는 물처럼 돌아오지 않는 제 고등학교 1학년 생활에서 더 많은 세상을 발견하고 발전하게 된 유익한 시간임에 분명합니다. 제가 탐구한 세상 속에서 여러 문제들을 통찰할 수 있었던 동기가 되었기 때문입니다.

한일 무역전쟁에서 파생된 보이콧과 수출 규제는 중고등학생의 관심사로 일부 의견을 참고하며 기술했습니다. 특히 미래를 열어갈 4차 산업혁명을 준비하면서 관련 자료를 찾는 과정이 그리 순탄하지 않았지만 새로운 사실을 앎에 있어서 기쁨은 거대했습니다.

정의할 수 없는 저만의 진리를 산출하면서 제가 배운 것들을 독자분들 역시 경험하기를 소망합니다.

고색고등학교 한재윤

|목 차 |

01
한일 무역 갈등과 현 한국의 경제,
교육적 디플레이션 현상

   2019년 5월 일본 아베 정부의 대한민국 화이트 리스트 배제 사건에서부터 비롯된 한일 무역 전쟁은 현재까지도 양국의 반감만 양산해내고 있다. 일본에 대한 무역 의존도가 높은 우리의 입장에서는 이번 사태가 위협적으로 다가온 건 사실이다. 그에 대해 한국은 일본 관광 보이콧, 기업의 제품 불매 운동까지 전 사회적으로 국민들이 자발적 참여로 우리의 민족성을 지키고자 했다. 이는 역사적으로 일본이 우리나라를 식민 통치하여 무자비하게 폭력을 행사했기 때문이다. 그러니 가깝고도 먼 나라인 일본에게, 우리는 더욱 저항적 태도로 임할 수밖에 없다. 우리 입장에서 일본을 거부해야 하는 것은 당연하게 다가온다.

   하지만 안타깝게도 한일 관계를 감정적으로 대응하는 것은 국익에 이롭지 않다. 갑작스런 일본의 보복성 수출 규제에 의한 한일 군사정보보호협정(GSOMIA)의 파기는 일본에 직접 대응 가능한 방법으로 선택했다. 정치권에서의 갈등이 자국의 군사, 경제 문제까지 확산되어 결국 한일 모두에게 피해는 충분히 예상할 수 있다.

현재 일본 관광 산업은 심각한 타격을 입었다. 2019년 4월 국적별 방일 외국인 비율을 살펴보면 한국인이 23.3 퍼센트를 차지한다. 중국인(29.6 퍼센트)에 비해 조금 낮은 수치지만, 일본의 지방 소도시는 한국인 비율이 압도적인 수치다(일본 규슈 지방의 입국자 수 60.9 퍼센트 차지함). 그러나 아직 필요한 대부분의 기본 전자 제품들을 일본에서 전량 수입하는 한국 역시 피해가 전혀 없다고 할 수 없다. 이렇듯 일본으로서는 자국 지방경제에, 한국으로서는 부품과 소재에 심각한 피해를 입고 있다. 그러니 우리는 일본과의 화해에 대한 긍정적인 검토가 요구된다. 이에 우리는 이 사태를 다양한 상호 관계를 중심으로 탐구해봐야 할 필요가 있다.

36년간 지속된 일본의 긴 식민 통치 지배와 연달아 발생한 6. 25 전쟁에서 한국은 자본도 기술도 없었던 불모지였다. 미국의 원조는 한국 경제의 토대가 되었고, 기초적인 노동 기반밖에 없던 가난은 우리의 경제를 건설해냈다. 본격적인 경제 성장은 1970년대에 군사 정권으로 집권한 박정희 정부 체제 하에서 이루어졌다. 오늘날 삼성과 현대 등 대기업으로 평가받는 기업들은 정부의 지원 속에서 눈부신 비약을 이루어냈다. 당시 정부는 경제 성장 정책으로 수출을 제시했다. 또 일본 독립 이 후 불합리한 협상으로 기초 자금을 마련하였고, 미국과 전쟁 중이던 베트남에 파병으로 외화를 벌었다. 이러한 노력에 경부 고속도로가 건설되고 산업 시설이 확충되어가면서 현 한국의 기술 자본은 세계에서 한강의 기적이라 평가받고 있다.

OECD 회원에 가입하고 경제 부흥기를 누렸으나 지난 1997년 국제통화기금(IMF)에 구제 금융 신청한 이후, 성장은 더디기만 하다. 심지어 멈출 기미가 도저히 안 보이는 절망적인 디플레이션 상황은 우리에게 과거와 다른 새로운 성장 동력이 다시금 필요해졌다는 사실을 인식할 필요가 암묵적으로 통보한다.

현재의 경제 위기는 외부의 요인에서 비롯된 것이 아니다. 제 아무리 품질이 좋은 제품들을 양산해낸다고 하더라도 물건을 적극적으로 구입하지 않으면 말짱 도루묵이 된다. 그렇기에 많은 청년 구직자들이 공무원에 포화적으로 집중되고, 정부의 공무원직 확대는 바람직하지 않다. 디플레이션을 타개할 해결책은 공무원직 확대가 아니다. 당장 크게 위험한 상황은 아니지만, 시간이 지남에 따라 공무원 양산은 경제 위기로 진입하는 꼴이다. 그리스의 상황이 이를 입증한다. 안정적인 환경에서 인간은 개인 능력의 최대치를 발휘할 수 없다. 사과도 밤낮 기온 차이가 크게 날수록 단 맛이 강하다. 과연 모든 사람이 공무직을 무작정 준비하는 일이 문제 해결에 대한 답인가? 그렇기에 당장 일본과의 경제 대립만을 바라보는 것은 어리석은 짓이다. 종종 한국 경제를 위협한 몇 차례의 오일 쇼크 역시 발생할 가능성이 있다. 우리의 동맹국인 미국과 석유 수입국인 이란의 국제 분쟁이 계속되어 석유 수입에 제한을 받는 상황에 이른다면 글로벌 경제에 대한 우리의 무지를 스스로 증명하는 행동이다. 따라서 무너져가는 한국의 경제를 근본적으로 완화할 수 있는 방안을 모색해야 한다.

대한민국의 민주화를 이끈 김영삼 정부에서 주도한 학점제도 도입은 새로운 교육 비전을 대중들에게 처음 제시하였다. 이미 학점제를 대입한 유럽 국가들과 미국 등 선진국들은 강의식 수업에서 학생 개개인의 창의성을 기초로 패러다임을 갖췄다. 우리와 유럽 선진국들의 교육 과정을 살펴보자.

한국의 최고 대학 기관이라 평가되는 서울대학교 경영학과와 미국 아이비리그의 경영 대학을 비교해보면 실상은 처참하다.

서울대학교 경영학과에서 표면적으로는 국가 경제를 이끌어나갈 세계적인 인재 양성이지만 실제로 도전적인 목표를 가지고 사업을 하는 학생이 과연 몇이나 될까? 전국에 있는 몇 만의 서울대 졸업생들은 대부분 안정적인 직장에 머문다. 이들은 자신의 능력보다 한 단계 이전에 안주한다. 반면 경험을 토대로 수업 방식에 참여한 아이비리그 대학 출신들은 상대적으로 성공할 가능성이 더 높은 것으로 평가받고 있다. 이는 글로벌 아이티 기업인 애플의 CEO 팀 쿡으로 증명된다. 급변하는 21세기의 시장에서 보이지 않는 손은 출신 학교에 연연하지 않는다. 우리는 이 흐름을 분명히 인식할 필요가 있다. 미국 아이비리그에서는 직무경험을 학벌주의보다 핵심 스펙으로 평가한다. 이는 업무의 능률을 가늠하기에 효과적인 방법으로 보아서이다. 단순한 암기는 늘 변화하는 시장에서 우리를 구제할 능력이 없다.

　삼성과 애플은 전 세계적인 기업이다. 기술적으로도 서로 비슷한 단계에 있는 두 기업 중 전 세계 시장에서 어느 기업이 더 우위에 있다고 평가받을까? (지난 해 4분기 세계 스마트 폰 시장에서 애플은 삼성을 추월했다.) 이를 알아보기 위해 필자는 두 회사 직원들의 근무 환경을 각각 비교해보고자 한다. 삼성은 한국 경제에서 가장 미치는 영향이 큰, 소위 말하는 국가적 형태의 대기업이다. 삼성의 옥사는 대규모 빌딩이며 일반 사무실을 중점으로 구성되어 있다. 반면 애플의 원형으로 건설된 자율적인 사무 환경은 삼성의 형태와는 사뭇 가르다. 글로벌 방송국인 영국 BBC에서까지 소개된 한국의 권위주의적인 어른시스템을 일컫는 소위 '꼰대' 문화는 사회 구성원의 통합을 저해하는데 한 몫을 하고 있다. 자신의 사고방식만을 옳다고 여기며 타인이 따르기를 요구하는 관료주의 요소들은 한국 사회가 구시대적 발상에 머물러 있음을 밝히는 근거들이다.

애플의 최초 설립자인 스티브 잡스는 창의성을 중시했다. 옥사도 원형으로 설립되었고, 직원들이 위계질서에 의해서 자신들의 아이디어를 내놓지 못할까 자유분방한 분위기를 조정하여 상사와의 편한 소통이 가능하게 한다. 애플의 한 입 베어 문 독특한 사과 형태의 로고는 그들의 창의적인 면모를 대중들에게 선보인다. 물론 삼성계열사에서도 직원들의 창의력을 유용하게 얻고자 계급적인 호칭제를 대대적으로 개혁한다고 하였으나 아직 한국 사회에서는 이 같은 적용이 먼 일인 듯 하다(이는 앞서 언급한 꼰대 문화로 증명된다).

전 세계는 4차 산업혁명으로 새롭게 다가올 미래에 주목하고 있다. 노동 시장에서 급격한 변화가 예상되기 때문이다. 그러나

4차 산업혁명을 준비해야 한다는 교육권 목소리와 사뭇 다르게 정작 이를 직접 마주할 학생들의 준비는 전무한 상태이다.

먼저 4차 산업혁명을 간단히 소개하자면 이 기술은 자동화 기기들이 서로 연결돼 정보를 공유하고 계산된 알고리즘을 바탕으로 작업한다. 우리 주변의 모든 사물들을 인터넷으로 연결하여 사물을 더욱 지능화하는 것에 있어 장점을 가지고 있다. (자연스럽게 인간의 개입은 최소화된다.) 곧 도래할 4차 혁명의 시대에 아무런 대안조차 찾아볼 수 없고, 오직 암기력을 중점을 둔 5지선다형의 문제가 미래 인재를 기르는 합리적인 방법인지 의문이 든다. 다시 말해 시간 낭비에 불과하다는 말이다. 단순한 정보 전달식 강의와 이를 바탕으로 기능하는 시험은 1차 산업혁명 때 어린 노동자들에게 정보만을 전달했던 18세기의 학교와 다를 바 없다. 심층적인 통찰력이 없다면 우리는 인공 지능으로부터 일자리를 지킬 수 없다. 인공 지능에 맞설 수 있는 능력을 신장하는 일은 그리 어려운 일이 아니다. 그저 창의력(문제 해결 능력)을 신장할 수 있도록 우리는 끊임없이 자신이 문외한인 분야를 가장 한국적으로 4차 산업혁명에 대처할 수 있는 능동적인 개발 방법을 찾아나가야 한다. 좁은 우물에 안주하는 개구리가 아닌 시행착오가 따르더라도 구름 위로 도약한 조나단이 세상을 통찰한 것은 결코 우연의 일치가 아니었으리라. 급변하는 세상 물정 모르고 2천 년 전의 공자만 잡고 있던 조선 사대부의 고립된 사고는 이 땅을 36년간 잃는 참극을 초래했었다.

한국의 경제는 철저하게 대기업만을 의존하는 형태이다. 우리는 이 체제 안에서 살아왔지만 이를 경계해야 한다. 거대한 나무들만 존재하는 숲은 다양한 식물들로 이루어진 산보다 생존력이 낮다. 감자는 쉽게 잘 자라고 그 생산량까지도 많은 양이었기에 아일랜드를 빈곤에서 구제했지만 동시에 100만 명에 이르는 사람들이 죽는 원인이 되었다. 기근으로 인한 죽음을 피하기 위해 100만 명 이상이 북미 대륙으로 유입되었으며 그들에게 심각한 피해를 안겨주었다. 한국 또한 별 반 다르지 않다.

일본은 한국과 마찬가지로 초고령화 사회로 진입했고, 마찬가지로 젊은이들도 실업에 고통받고 있다. 도요타, 혼다, 미쓰비시 등의 대기업에만 의존한 일본 역시 위기를 겪고 있다. 한 바구니에 모든 계란을 담으면 달걀을 모두 잃어버릴 위험성이 높다. 그러나 생각을 조금 바꿔 여러 개의 바구니로 계란을 분산해서 담는다면 한 바구니의 계란을 버리더라도 위험 부담을 줄일 수 있다. 국가도 마찬가지다. 과거에 대기업에게 지원을

몰아주었던 것처럼 비교적 여유가 생긴 현재 중소기업에도 지원으로 높은 해외의존도를 낮춰간다면 우리 사회는 일본뿐만 아니라 다른 국가들이 수출 공격을 받더라도 언제든 국가 차원에서 해결할 수 있는 여건이 만들어질 것이다.

02
비리없는 청백리들을 위하여

"대한민국 헌법 제 1조 1항 대한민국 주권은 국민에게 있고 모든 권력은 국민으로부터 나온다. 국가란 국민입니다." 이 말은 2013년 개봉한 영화 변호인에서 나온 대사이다. 국가가 즉 국민 이라는 대사가 우리에게 어떤 의미를 지니는가? 헌법은 국가의 통치조직과 통치작용의 기본원리 및 국민의 기본권을 보장하는 근본 규범, 다시말해 헌법보다 위에 있는 법은 없다. 본격적으로 법을 탐구하기에 앞서 사회 계약을 다뤄보고자 한다. 장 자크 루소의 사회계약론에 따르면 사람은 본래 자유인으로 태어난다. 완벽한 자유를 가진 인간은 역설적으로 자유의 제약을 빈번하게 받는다. 맹수를 비롯한 온갖 자연물들과 각종 자연 재해에 끊임 없이 자신의 목숨을 위협받기 때문이다. 만일 집단에 자유를 일 부 반납한다면 그들은 힘을 합하여 더욱 생존하기가 용이해진 다. 따라서 집단은 사회가 되고, 사회는 국가가 된다.

여러 국가가 서로 그들의 국익을 얻기 위해 상품을 무역하고 그 무역에서 더 많은 이윤을 남길 수 있도록 분업화를 이뤘다. 여기까지가 계약에 따른 사회의 순기능이다. 하지만 한 국가의 통치는 모든 이에게 있어 매력적이다. 만일 무기를 든 한 사람이 사회 구성원들을 위협하여 그 사회의 통치권을 가지게 된다면 많은 사람들에게 반감을 사겠지만 그를 마땅히 규제할 방법은 없다. 여기서 그는 자신에게 우호적인 이들에게 권력을 나눠 주고 결국 이들의 권력은 정당화된다. 우리는 국가를 위해 노동의 대가 중 일부를 세금으로 납부하고 약 18개월의 시간을 군대에서 보낸다. 그리고 예비군, 민방위의 형태로 개인의 자유의 일부를 반납한다. 한국은 징병제이므로 일반 노동자의 급여에 비해 반도 안 되는 급여를 받으며 국가의 모든 청년들은 (단, 신체적, 정신적으로 수행할 수 없는 일부 청년들을 제외한다) 목숨을 담보로 국가를 수호한다. 이런 한국의 실정과 대조적으로 세계의 경찰을 자진하는 미국은 자국 청년들의 인생을 규제할 수 있는 징병제를 회의적인 시각으로 바라본다. 미국 남북전쟁 중 징병제를 시행했던 미 북부는 오늘날까지도 자유를 탄압했다는 명목으로 비난받고 있다. 국민은 국가의 소모품이 아니다.

자유 지상주의자들은 흔히 마이클 조던의 돈의 일부(조던에게 큰 부담이 없는 정도)를 극빈층에게 부여해 그들의 공리까지 침해하는 행위는 정당하지 않다고 주장한다. 조던이 아닌 조던의 경기를 보기 위해 사람들은 돈을 지불했지만 그렇다고 조던 수입의 일부를 조던 본인의 의사에 반하는데도 불구하고 강제로 징수하는 것은 옳지 않다. 다시 말하면 최근 정치권을 비롯해 모든 분야에서 큰 영향을 발휘하고 있는 조국의 법무부 장관 임명 논란을 다뤄보고자 한다. 대한민국 사회는 철저한 엘리트 사회이다. 여기에는 500년가량 한반도를 지배한 관료주의가 한 몫 했다. 검찰과 공수처 개혁 그리고 수사권의 행방 여부를 중점으로 논란이 일고 있다(공수처는 고위 공직자의 범죄 수사를 하는 기관이다). 오랫동안 지속되어온 비리를 뿌리 뽑기 위해 공수처 설치를 법제화한다는 것은 긍정적으로 평가될 수 있다. 대한민국이 소속된 OECD 국가 36개국 중 29개국이 검찰의 수사 지휘권을 보장한다. 검찰에서 고위 관리직의 비리를 눈 감아 줄 수 있기 때문에 공수처의 기능은 검찰 개혁으로 비리를 청산하기 위해서는 절대적으로 필요하다.

　이를 심층적으로 파고든다면 일단 공수처의 검사는 공수처장이 임명하게 되는 시스템부터 이해해야 한다. 공수처장의 후보는 공정한 과정이 이루어지도록 여러 기관에서 후보자를 선발하지만 결국 최종 후보자는 대통령 권한으로 선출하므로 공수처는 친정부 세력이 될 수밖에 없는 한계에 직면한다. 이 과정으로 공수처가 운영된다면 공수처가 여당과 야당의 힘겨루기에서 과연 공정한 판단을 내릴 수 있을지 우려스럽다. 이런 개혁 과정이라면 대한민국 사법권은 절대 '디케의 눈'이 될 수 없다. 죄를 지은 피의자의 권리조차도 미란다의 원칙으로 보호해주는 것이 일반적이다. 가장 비리에 민감하고 청렴해야 할 일부 고위 공직자들이 권력을 악용하여 자식의 논문을 거짓으로 조작한 사건은 무형 자산의 대물림한 행위다. 이는 낮과 밤의 구분 없이 노동하는 젊은 청년들에게 개천에서 용이 날 수 없다는 쓸쓸한 현실만 남길 뿐이다. 진정 민본 정치를 펴는 이를 발견하는 것은 거의 이상에 가깝다.

   조선 왕조 약 500년 간 청백리는 겨우 217명에 그쳤으니 말이다. 포퓰리즘 정치에 입각하여 그들이 내세운 공수처의 투명성을 의심 된다. 그들이 그토록 애타게 추구하는 개혁은 사회 전체의 공리를 추구하는 혁명보다 훨씬 더 복잡하고 어려운 개념이다. 따라서 개혁의 주체는 '무엇을 하느냐가 중심이 필요하다. 성공적인 개혁은 명석한 머리가 아니라 국민들에게 의견을

묻고 신뢰를 줄 수 있는 자만이 비로서 민심을 얻을 수 있다. 소수를 위한 개혁은 하지 않느니만 못하다. 이번 청문 과정 중 쟁점으로 떠오른 대학 선별 제도 중 '학생부 종합전형'이 대표적인 예시이다. 법제적 평등을 요구하는 정당한 사회는 이미 갑오개혁 이래로 시작되었다.

중국 춘추전국 시대의 현인 중 하나인 법제가 한비자는 이상적인 법치주의 국가를 달성하여 민생을 안정시킬 수 있도록 공사 가리지 않고 읍참마속의 자세로 법을 중시하였다. 비록 강압적이고 가혹한 정치 형태로 민심의 요동이 발생한 것은 인정하지만 그가 속한 국가인 제나라는 절대적인 정의를 실현했기에 외부적으로도 그 명성을 더욱 공고히 할 수 있었다. 임마누엘 칸트 또한 그의 저서 도덕 감정론에서 선의지를 언급하며 법치국가에서도 만족할 수 없었던 부족함을 보완하고자 노력하였다. 조선 중기 대표적인 학자 성호 이익은 민생의 안정은 뒤로 한 채 자신의 사리사욕만 채우려는 어리석은 관리들에게 이렇게 말하였다. "그들은 나라의 식량이나 축내는 적폐 대상인 좀벌레들에 불과하다. 목민관이 되도록 하자.

03
초고령화 사회를 진입하는
한국의 현실

약 1003만 3948.62 ha(107위), 5170만 9098명(28위)에 GDP에 3만 346.3 달러를 기록하는 대한민국은 종전 후 1960년대부터 베이비붐 세대의 등장으로 사회 건설을 위한 노동 자원이 확충되어 이를 기반으로 오늘날의 세계 10대 경제 대국의 면모를 갖출 수 있었다. 폭발적인 베이비붐 세대의 인구 증가(1960~1970년 대)는 국부에 이득이 되었다. 실제로 가시적인 효과도 있었다. 고급 기술이 부족했기에 노동 집약적 기술 위주로 발전한 당시 중농주의 사회인 한국에서 다수의 노동 인력은 효과적인 자원으로 작용했으니 말이다. 그러나 서울을 비롯한 수도권의 공업 위주의 수많은 노동 인력들은 한국 사회에 새로운 패러다임을 제시하였다. 하지만 한 때 과거의 주역이었던 이들은 이제 젊은 세대들에게 무거운 짐이 되었다.

흔히 국가의 안정적인 경제 구조는 항아리형 구조라고 일컫는다. 중산층의 결집 비율이 높을수록 안전한 경제 구조로 세계는 평가하고 있어서이다. 중산층인 소상공인이 많을수록 내수 시장은 활발하게 돌아간다. 소비도 마찬가지다. 후기 중상주의 학자 박제가는 한 국가의 윤택한 경제는 생산이 아닌 소비가 그 시작이라고 보았다. 오늘날의 경제 대국인 미국에서 마저도 1920년대 생산품의 디플레이션에 따른 대공황으로 경제 마비 사태까지 이르렀던 적이 있다. (오늘날 미국의 부의 상징으로 평가받는 뉴욕 시 역시 길거리의 굶주린 노동자들이 일자리를 찾아다니는 풍경은 다반사였을 정도니 말이다.) 1932년도에 미국인 4명 당 1명꼴로 실업자가 발생했다. 암울한 경기 침체 속 다행스럽게도 루즈벨트 대통령의 뉴딜 정책으로 후버 댐의 건설과 일자리 내수 시장이 안정화되었지만 만일 이 위기를 극복하지 못했더라면 미국이 안전한 결말을 맞을 수 있을 것이라는 보장을 할 수 있을까? 미국 전역을 뒤흔든 대공황은 세계 1차 대전의 종전 후 남은 재고품이 그 원인으로 밝혀졌다. 여기서 우리가 주목해야 할 점은 과잉 생산이 몰고 온 피해에 당시 미 정부가 노동 시장의 활성화로 대응했다는 점이다. 경제학자 데이비드 리카도가 그의 저서 분배론에서 밝힌 이론인 임금은 노동자의 가족유지에 필요한 최저가격에 합당해야 한다는 임금생존비설은 뉴딜 정책의 동력이 되었다고 평가받을만한 대목이다. 국가가 발 벗고 노동자의 권리(노동의 권리, 생존의 권리 등)를 보장할 때, 그들의 수지타산은 일치한다. 그리고 우리는 한 가지 의문점에 직면하게 된다. 일자리가 부족해 끊임없이 논란이 되고 있는 한국 사회에 이 시스템을 적용한다면 노동 시장의 과잉 공급을 효과적으로 완화할 수 있지 않는가? 증명된 뉴딜 정책이라면 충분히 내수 시장의 안정을 꾀할 가능성을 볼 수 있으니 말이다.

안타깝게도 우리는 리카도의 임금생존비설을 수행할 능력이 없다. 태어남과 동시에 국가와 맺는 천부적 계약, 더욱이 한국 사회는 국민의 최저 생활을 보장한다는 명목으로 그들에게 각종 연금 형식의 지원금을 제공해왔다. 하지만 지금의 노인 연금 제도는 노동 인구가 고갈되어 가는 현 시점에서 전혀 합리적이지 않은 제도이다. 필자는 도덕과 윤리적인 관점에서 긴 시간을 사회에 헌신해온 연금 수령자들을 비판하는 것이 아니다. 다만 우려되는 점은 과학 기술의 발전으로 평균 수명이 상승, 흔히 100세 시대 상황과 전혀 이해적이지 않다는 점이다.

과거 이 제도가 균형 있게 유지될 수 있었던 까닭은 노동 인구가 은퇴 인구보다 비율이 높은 시대에서나 효력을 발휘할 수 있다는 소리다. 베이비붐 세대의 노동 상황은 국가에서 대대적으로 산아 제한을 홍보할 만큼 과잉된 상황이었다. 그리고 당시 의료 기술은 그리 높은 수준이 아니었기에 연금 적령도 개정할 필요가 없었다. 정리하자면 현재 은퇴 적령에 머물러 있는 베이비붐 세대의 상황과 지금의 상황은 너무나도 반한다는 것이다. 요즘 환갑을 맞아 잔치를 하는 이들을 찾아보기 어렵다. 노동 인구는 급감했다. 그런데도 과거의 은퇴 적령에 동일하게 적용하는 것은 현실적으로 타당하지 않다. 물론 국회에서 은퇴 연금 적령을 높이는 법안을 발휘했지만 만 65세도 아직 멀다. 한국보다 고령화 사회가 10년 정도 앞서있다 관측하는 일본의 상황을 잠시 살펴보자면 2050년 경 노동 인구 1.3명이 1명의 노령 인구를 부양한다. 당장 노동 인구 문제를 해결하는 해결책은 이민 장려 정책이 아니다. 근본적인 해결책은 저출산의 해결이다. 따라서 노동의 능률이 낮고, 은퇴 세대들의 몫까지 부담해야 할 젊은 노동 자원들이 풍부해야 발전과 더불어 건강한 사회를 건설할 수 있다. 그럼에도 점점 공산화되고 각박해져가는 시대에서 출산의 부재는 더 이상 선택이 아닌 필수가 된 것이 현실이다. 이 뿐만 아니라 사회 초년생들의 경제적 독립이 늦춰지는 현실에서 이들은 노산을 기피한다. 다자녀 가족일수록 부모 행복도가 높다는 통계 자료가 그들의 출산을 장려한다.

실제로 동아일보와 딜로이트 컨설팅이 2015년부터 공동 조사하고 있는 행복 지수를 잠시 인용하자면 자녀가 한 명 있는 사람(56.92점)은 자녀가 없는 사람(58.76점)보다 행복 지수가 낮다. 하지만 자녀가 2명이 되면 행복 지수가 59.03점으로 올랐고 3명일 때는 62.31점 까지 올라갔다고 한다. 그러나 현실적인 일반적인 서민의 봉급으로는 다자녀 양육을 감당하기 어렵다. 자녀 1명당 최저 10억 원 이상의 자본이 투입되기 때문이다. 한 자녀만 기르기도 숨 돌릴 틈 없이 어려운데, 적은 국가 지원금으로 다자녀라니 이건 전혀 현실성 없는 꿈에 불과하다. 기초 공사가 부실한 건물에서 누구나 감탄할 고층 건물의 건설은 감히 상상조차 하기 어려운 일이다. 임산부 석을 버젓이 차지하고 있는 소위 개념 없는 이들을 보면서, 기본적인 배려조차 기대할 수 없는 대한민국 사회에 국민들의 배려가 없다면 이는 황금 알을 낳는 거위를 기대하는 모순된 우리의 모습이 투영된 것은 아닐까?

04
출산율과 노동 시장

급격하게 줄어드는 인구를 회복하기 위해 한 자녀 정책을 폐지한 중국 정부의 상황도 한국과 별반 다르지 않다. 의료 환경이 열악하고 노동력이 필수적으로 요구되는 농업 사회에서 다자녀는 공동체 생존에 필수 요소이다. 그들에게는 고등 지식이 요구되지 않고, 높은 영유아 사망률을 극복할 차선책은 최대한 많은 수의 자녀를 얻는 것은 필연적이었다. 그러나 철저한 개인주의의 대명사인 공업 사회에서 생존을 보장해주는 것은 교육 수준이 높은 소수 양질의 자녀이다.

최근 농어촌 지역의 학교가 유례없는 폐교 상황을 보이고 있다. 그리고 인구 밀도가 비교적 높다고 평가받는 수도권까지도 일부 학교가 폐교하면서, 서울 지역조차 장담할 수가 없는 상황이다. 그래서 우리는 출산 저하 문제의 해결에 열쇠를 지닌 초년생 부부의 경제적 어려움을 살펴 볼 필요가 있다. 경제적 안정기에 진입한 중장년층 부부와 별개로 갓 독립한 사회 초년생 부부들은 당장 거주할 주거 공간부터 걱정하는 것이 현실이다. 그런데 당장 먹고 살길조차 여유로운 형편이 없는 그들에게 육아로 인해 발생할 기회비용들의 부담은 실현 불가능한 소리이다. 이에 정부는 임대 아파트를 제공할 필요가 있다. 왜냐하면 안정된 삶을 충족하기 위해 가장 필요한 조건은 주거 공간의 확보이기 때문이다.

우리는 이제 큰 그림을 그려야 할 때이다. 출산율이 증가하면 노동 시장과 소비 시장 등 국가의 기본적인 경제 시스템이 활성화된다. 고로 우리는 베이비 붐 세대의 르네상스를 이끌어낼 수 있다. 여기서 존 메이너드 케인즈는 국가가 산업에 적극적으로 개입해야 한다고 주장했다. 미국 역시 경제 대공황 시기에 케인즈의 정책으로 위기를 벗어났다고 필자는 본다.

하지만 일부 독자들은 한 가지 의문점을 느낄 수 있다. 앞선 주장에 따르면 인구와 국부는 비례 관계이다. 그럼에도 불구하고 저개발 도상국은 높은 출산율로 대규모 노동 인력을 지니고 있다. 하지만 여전히 뚜렷한 성장세를 보이지 못한다. 이를 통계학적으로도 분석해보면 한정된 자금을 다수의 자녀에게 분배하여 할애하므로 현대 사회에서 각광받는 두뇌 노동자들을 생산하기 어렵기 때문이다. 4차 산업혁명에서 두뇌 노동자를 제외한 일반 노동 인력들은 경쟁력에서 밀려날 수밖에 없다. 이를테면 인도는 인구 2위의 인구 대국이다. 그러나 인도의 1인당 국내총생산(GDP)은 통계청 KOSIS에서 밝힌 수치로 2016달러이다. 인구 5000만의 한국이 33,346달러임을 감안하면 현저히 낮은 수치임에 틀림없다. 인도는 재정 부족으로 국민들에 대한 기초적인 교육 수준이 낮다. 심지어 공중 화장실이 없어 수도인 뉴델리에서조차 길거리에 대소변을 보는 모습은 흔한 일이다. 따라서 출산율의 경제적 효과는 미래 세대들을 위한 국가의 복지 정책부터 시작된다.

미래의 젊은 노동자들은 두뇌 노동자가 되어 노후 은퇴 인력을 감당해야 한다. 부양해야할 노후 은퇴 자본이 노동 인력보다 자연스럽게 증가한다면 공급의 법칙을 무시한 대가를 치를 것이 분명하다. 가령 저출산 현상에 따른 미래 노동 시장의 불안은 한국만의 일이 아니다. 일본은 초고령화 사회로 인공 지능을 활용한 로봇들이 서비스업 일자리까지 점령해버렸고, 미국에서는 자율 자동차가 인간과 함께 같은 도로 위를 달리고 있다. 엔진 자동차로 수레꾼과 마차가 종말을 맞은 건 이미 오래다. 운전직의 택시 기사, 버스 운전사 등의 직업은 마찬가지로 역사 속에서 삭제 될 것으로 추측된다.

　필자는 이 암울한 상황을 기정사실화 하겠다. 일부 전문가들은 예견한다. 지금과 같은 저출산 현상이 계속된다면 2500년대에 이르렀을 때, 대한민국이라는 국가는 지도상에서 사라질 것이라고 말이다. 온갖 외세의 침략과 기근에도 버텨냈던 반만년의 굳건한 민족의 한국마저도 인구 부족 위기를 피해갈 수 없다. 그러므로 현 상황의 우리가 할 수 있는 일은 저출산 문제의 급진적 해결책이 아니라 이를 잠재울 수 있는 근본적이고 구체적인 대처 방안이다.

05
제 3의 미디어와 빅 데이터 기술의 빛과 어둠

　유튜브, 페이스북 등 온라인 플랫폼의 영향에 상대적으로 쉽게 노출되는 청소년들은 작은 영향에도 쉽게 흔들린다. 돌이 채 지나기도 전에 스마트 폰을 접하고 이용하고 있는 아이들이 보편적인 판국에 그리 놀랄 일은 아니다. 공중파 방송에 비해 접근성과 휴대성을 갖추고 시간, 장소에 상관없이 인터넷 연결만 가능하다면 사용 제약이 없는 SNS 서비스는 그들의 관심을 불러 모으는 일은 어쩌면 당연한 일이다. 심지어 초등학생의 장래 직업 1순위가 유튜브 크리에이터라고들 하지 않는가?

　하지만 이와 동시에 이러한 소셜 미디어는 딜레마를 안겨 준다. 난치병이 아무런 조치 없이 심화 되면 곧 불치병이 되는 것과 같다. 흑백 영화가 일반적인 시장을 거의 독점했을 때, 컬러 영화가 대중에게 처음 모습을 선보이자, 꽤나 명성 있는 평론가들은 컬러 영화를 거부했지만 시대의 변화를 막을 수 없었다. 손바닥으로 하늘을 가린다고 해서 온전히 하늘을 전부 가릴 수 없는 것과 같은 이치다. 매체의 변환기가 왔다. 이에 정치인들은 1020 세대를 잡고자 너도나도 할 것 없이 SNS 채널을 만들어 운영하고 있다. 그리고 이 시도는 긍정적인 반응을 얻고 있다.

그러나 이는 독이 든 성배다. 영유아 시력 감퇴는 물론 디지털 기기에 의존하게 되므로 펜을 잡을 시간이 축소된다. 한창 학습할 시기에 조회 수 목적에 의해 자극적인 컨텐츠를 보게 된다면 이 또한 바람직한 모습은 아니다. 상대적으로 성인에 비해 미디어 매체의 영향을 더 받는 어린 유아들에게 제 3의 미디어는 안전을 보장할 수 있을까?

필자는 전적으로 SNS 매체를 비판하려고 하는 것이 아니다. SNS 서비스는 예술성, 오락성, 창의성 등 오로지 인간에게서만 얻을 수 있는 아이디어들을 주요 전략으로 내세웠기 때문에 그 과정 속에서 독자도, 저자도 성장하는 계기를 형성해낼 수 있다. 정보가 넘쳐나면서 원하는 것을 찾는 것이 여간 힘든 일이 아닌 현실은, 크리에이터의 창의성에 정보를 접목시킨 산물은 더욱 강점을 지닌 매체가 된다.

하지만 한국뿐만 아니라, SNS 매체는 온갖 페이크 뉴스들을 창출하여 각 국 정부의 골머리를 심화시키는 요인이 되기도 한다. 그렇기에 그 파급력을 인정하고 받아들일 필요가 있다. 일종의 프리랜서이고 새로운 직업으로 주목받는 그들을 경시하는 사회 풍조를 경계해야 한다. 고리타분하게 중심 장소가 필수적으로 요구되고 가시적인 일련의 성과를 올려야만 인정받는 시대는 4차 산업혁명의 도래와 함께 사라진지 오래다. 이와 관련된 사건으로 지난 2016년 다국적 기업 구글(Google)에서 개발한 알파고와 한국의 이세돌 9단의 바둑 대국은 세계의 모든 언론매체들이 주목한 인간 대 인공 지능의 대결로 치부되었다. 오직 인간의 전유물이라 여겼던 스포츠 바둑이었기에, 전문가들은 입을 모아 이세돌 9단의 압도적인 승리를 예측했다. 그리고 그 예상은 보기 좋게 빗나갔다. 인간의 입장에서 보자면 완전히 비극적인 사건이 되고만 셈이다. 약속된 대국 5판 중 알파고는 무려 4판에서 승리를 쟁취하였다. 심지어 알파고는 지난 2000년간 인간이 생산해낸 모든 전략을 흡수했다. 이에 머물지 않으며 계속 증진해나간 것이다. 이와 더불어 자율주행자동차가 일반 도로에서 시험 운행되고 있다. 그리고 이 기술은 알파고와 같은 인공 지능이 필연적이다. 이러한 변화 앞에서 기업들은 발등에 불이 떨어진 상황에 마주했다. 만일 인간 중 최고의 천재라 평가받는 아인슈타인이 살아오더라도 그의 심층적인 추론이 알파고보다 우위에 있다고 자신 있게 응답할 수 있을까?

4차 산업 혁명의 핵심 기술로 평가받는 빅 데이터 기술의 현실 상용화를 다뤄보고자 한다. 기술은 무엇인가를 만들어내거나 또는 성취하는 방법이라는 정의를 가진다. 역사적으로도 인간의 기술은 이 틀에서 벗어난 경우가 없다. 원형의 바퀴는 민족 간 교류의 출발점을 제공했고, 동력은 인간, 동물 그리고 인간이 생산한 고철 덩어리 엔진이 대신한다. 그러나 핵 기술은 현재까지의 인류에게 있어 가장 치명적인 기술로 작용한다. 핵 기술은 피해를 줄 수 있도록 고안된 고도의 기술이나 과연 핵 기술로 인한 통제는 기술의 정의에 부합할까? 마찬가지로 기술은 위험 사회를 조성한다. 그리고 이제 필자는 첨단 기술의 모순점인 빅 데이터 사회에 따른 감시 사회를 논하고자 한다.

4차 산업 혁명이 도래한 오늘날 우리는 자유와 통제, 양날의 검에서 저울질을 하고 있다. 요람에서 무덤까지 말 그대로 일거수일투족이 감시받는 사회까지 이르렀다. 글을 읽는 독자들은 감시 사회라는 개념에 대해서 대부분 무감각할 것이다. 작은 부분부터 하나하나 따지고 본다면 우리가 즐겨 이용하는 SNS 서비스는 개인 정보를 기초로 한 감시 사회 시스템의 일부이다.

모든 프라이버시가 도식화되어있는 상황에서 우리는 그저 감시받는 실험쥐에 불과할 따름이다. 지구에는 CCTV가 우주에는 인공위성이 끊임없이 감시하고 있다. 이들은 의료 보험같은 형태로 구성원들에게 일부 이익을 제공해준다. 그리고 이것은 실제로도 큰 도움이 된다(GPS 시스템, 범죄로 부터의 안전성 확보 등이 있다). 그러나 통제에 무감각한 우리의 모습을 보고 마냥 자랑스럽다고 할 수 있을까?

약 1만 년 전의 인류는 수렵과 채집만으로 살기 어려워진 환경에 당시 최첨단 기술이라고 할 수 있는 농업을 선택하였다. 농업으로 인한 식량 생산으로 인구는 기하급수적으로 증가하였다. 인류 4대 문명인 이집트의 나일, 중국의 황허, 인도의 인더스, 메소포타미아 문명 모두 강을 끼고 있다는 공통적인 특징을 가지고 있다. 비단 이는 4대 문명에만 해당하는 특징은 아니다. 고대 인류의 정착 생활은 곧 문자를 파생시켰고(수메르의 쐐기 문자, 중국의 상형문자인 갑골 문자 등), 더불어 목축 산업 역시 발전하였다. 초창기 인류의 농업 혁명은 획기적이고 생존을 위한 효과적인 전략이지만 이는 후에 인류를 한 지역에 구속시키는 영향을 불러오게 된다. 그리고 여기서 불평등의 개념이 발생한다. "눈에는 눈, 이에는 이", 이 구절은 인류 최초의 법전으로 알려졌던 함무라비 법전을 통칭하는 말이다. 관용을 전혀 기대할 수 없는 절대적인 복수법의 형태는 한국 최초의 국가인 고조선의 8조법과도 유사한 성격이다. 대표적으로 살인한 자는 사형에 처하고, 눈을 치료하던 의사가 환자의 눈을 멀게 할 경우 눈을 멀게 한 의사의 손을 자르는 형태로 나타났다. 여기서부터 감시 사회의 시작인 자유의 통제에 따른 인류의 폭력 사회는 시작되었다고도 할 수 있다.

1998년 극장가에 개봉한 트루먼 쇼(The Truman Show)는 피터 위어 감독의 작품이다. 필자가 갑자기 이 영화를 소개한 것은 자유에 대한 인간의 역설을 잘 드러낼 수 있는 작품이기 때문이다. 먼저 영화의 스토리를 간략하게 소개하자면 트루먼은 24시간 생중계되는 한 프로그램의 주요 출연자이다. 그리고 트루먼의 24시간은 본인의 동의 없이 전 세계로 그의 일상이 공개된다. 트루먼 쇼가 인기가 높아질수록 정작 그 사실을 모르는 그도 풍요롭고 안정적인 생활을 계속 유지할 수 있다. 그러나 사건은 트루먼이 이런 안정적인 주변 상황에도 불구하고 항해를 매개체로 자유를 꿈꾸는 데에서 시작한다. 트루먼은 조작된 스튜디오에서 빠져나가기 직전까지 통제자에게 외부의 불안정한 환경을 듣지만 결국 외부 사회로 나온다. 프랑스 출신의 철학자 들뢰즈는 정착민과 유목민 중 유목민이 되어야 한다고 주장했다. 이제부터 심오한 유목민이라는 개념을 설명해보고자 하겠다.

헤르만 헤세의 저서 데미안 중 데미안은 평범한 소년 싱클레어에게 이런 대사를 한다. "새는 알에서 나오기 위해 투쟁한다. 알은 새가 깨어나기 전 한 개의 세상이다. 새는 신을 향해 날아간다. 그 신의 이름은 아브락사스다."라고 말이다. 새는 알에서 부화할 때 알이라는 편안한 안전 공간을 박차고 나가면서 그리고 동시에 성장할 수 있는 기회를 가지게 된다. 들뢰즈의 주장도 비슷한 맥락이다. 정착민은 제자리에서 비교적 의식주의 부담을 덜어내고 안정적으로 사는데 유리하다. 허나 그 이상의 것을 볼 수 없다. 같은 자리에서 제한된 정보를 가지고 어떻게 성장할 수 있을까? 반면 유목민은 의식주를 풍족하게 구성하는데 정착민보다 불리한 조건이지만 세상을 보면서 배우고 한 층 발전할 기회를 가진다. 즉, 유목민은 주체적인 삶을 영위한다. 시간은 한 번 발을 담구는 순간 다시 돌아오지 않는 물과 같이 야속하다. 이미 돌아간 시간은 모든 재화를 바쳐도 단 1초도 돌아오지 않는다. 이에 우리는 제한된 시간 속에서 실존하기에 신중한 결정이 필요하다. "배부른 돼지보다 배고픈 소크라테스가 더

낫다." 필자는 사회 규칙을 모두 깨라는 말이 아니다. 악습과 불평등에 분노하고 저항하라는 소리이다. 우리가 그토록 찬송하는 유토피아 역시 결국 통제 사회의 일부에 불과할 뿐이다. 그러므로 연속된 통제 사회를 맞이하는 우리는 그 속에 담긴 진정한 자유의 본질을 망각해서는 안 될 것이다.로마의 콜로세움은 자유를 통제한 사회에서 이를 망각해버린 이들의 처절한 울부짖음이 담긴 곳이다. 비참하게 인생을 마감하는 대부분의 노예 출신 검투사들은 로마의 속국, 전쟁 포로들이다. 마찬가지로 이들은 태어나면서부터 자유를 학습할 기회가 주어지지 않으며 자유에 대한 욕망을 망각하게 된다. 그러니 아무런 영문도 모른 채 광기에 가득 찬 로마인들에게 한순간의 유흥거리로 전락되어 검투장에서 죽어갈 수밖에 없다. 이러한 관점에서 가령 스파르타쿠스의 반란은 로마의 전체주의를 혁파하고 빼앗긴 자유를 되찾으려는 유목민의 혁명이라고 평가할 수 있겠다.

일본뿐만 아니라 전 세계적으로 유명한 애니메이션계의 거장 미야자키 하야오의 센과 치히로의 행방불명에서 하쿠는 센에게 이 세계에서 살아남을 수 있게 이 생활에 적응하며 살아야 하지만 원래 이름인 치히로를 절대로 잊지 말아야 한다고, 잊는 순간 다시는 원래 세상으로 돌아갈 수 없다고 말한다. 우리도 마찬가지다. 급격하게 숨도 돌릴 순간 없이 살아가는 현대인들 또한 이 대사에서 어디까지나 자유로울 수 있을까? 대의를 위해 많은 것을 희생하는 것은 불가피한 일이다. 만일 이것이 물질이나 심지어 인간관계까지 확대되어도 말이다. 그러나 한 가지 명심해야 할 것은 익숙함에 속아 자기 자신을 버려서는 안 된다.

모든 것이 작은 노력만으로도 이루어지는 사회에서 제 한 몸 제대로 건수하기조차 힘들다. 앞으로도 이러한 현상은 더 심화될 수 있다. 이에 우리는 더욱 더 보잘 것 없는 수동적인 인간으로 쉽게 전락하게 된다. 따라서 우리는 올가미처럼 묶여 있는 권력의 삶에서 카메라 바깥, 코드 바깥, 국가 바깥에 존재를 인식할 필요가 있다. "Stay hungry, Stay foolish"(늘 갈망하고, 우직하게 나아가라) 애플의 창시자 스티브 잡스의 스탠포드 대학 연설 중 일부이다. 그리고 그의 실존이라할 수 있는 애플은 여전히 세계 바깥을 향한다. 늘 갈망했던 그의 인생처럼 우리는 흘러가는 시대의 흐름에 순응하여 유연하게 살아감과 동시에 개인의 진정한 실존을 늘 인식해야 한다.

06
미와 추, 그 사이의 어딘가에서

참된 아름다움이란 무엇인가? 주름 없고 본래 자연의 늙음을 거부하는 이가 진정 아름다움의 대명사일지 모른다. 그렇다면 이번엔 고된 노동으로 형성된 투박한 손과 평생 간단한 노동 한 번 하지 않아 주름 하나 없는 매끄러운 손을 비교해보자. 이번엔 어떤 손이 참된 아름다움에 가깝다고 할 수 있을까? 여기서 우리는 딜레마에 빠질 수 있다. 모든 것이 이상적인 미에만 조명을 건네지만 그렇다고 거센 노동으로 지친 우리를 폄하할 수 없다. 어디까지나 그것이 참임을 알지만 인정하지 못하는 역설에 놓이기 때문이다. 아름다움에 대한 정의는 옳고 그름을 판단함이 불가능한 영역이다. 그것이 즐겁든, 힘들든, 때론 평생토록 아름다운 기억이든 아니든 모두 예술이다. 그렇기에 미와 추함은 모든 면에서 함께 공존한다.

이를테면 백남준 아티스트의 작품을 생각해보자. 개별적으로

봤을 때 그의 작품은 그리 아름답지 않다. 그러나 백남준 아티스트는 쓸모없는 쓰레기들을 예술로 역설했다. 마르셀 뒤샹의 작품으로 현재까지도 프랑스 국립 박물관에 소장되어있는 샘은 그저 1930년대의 제작된 인간의 가장 더러운 소변을 받아내는 한 개의 공산품에 불과한 사물이다. 아이러니하게도 예술가들은 인간의 신체를 흔히 아름답다고 평가하지만 정작 그 곳에서 산출된 대소변은 그렇지 않다. 이 작품은 대중들과 아티스트들에게 인정받지 못했지만 오늘날 인간에게 규제된 아름다움만이 아름다운 것이 아니라는 것을 증명해냈다.

플라톤의 이데아에는 죽음이 없다. 그의 이데아론에 따르면 죽음은 오직 육체만이 받아들이는 개념이다. 영혼은 죽음이란 절대적인 개념으로부터 안전한 개념이다. 그러나 그의 스승인 소크라테스도, 그도 이데아의 감각적인 세상에서 살기 원했지만 동시에 육체적인 죽음을 두려워했다. 소크라테스는 죽음이 예견된 독약을 마시고 잠깐 움찔했고, 플라톤은 독약을 피하려고 도망자의 길을 선택하였다. 따라서 플라톤은 이원론자라는 명제가 성립한다. 진리의 영원성을 인정하라고 요구하는 그들의 아름답고 모순된 말들은 우리에게 덧없는 착각의 세계에 불과하다.

한 때 모든 것이 남성 중심 사회로 흘러갔던 조선시대에는, 여성들은 복종과 희생을 강요받으며 그것이 전통적인 미라고 평가받았다. 오늘날의 상식으로는 전혀 설명되지 않는 비상식적인 일들이 비일비재했다. 어쩌면 우리 모두 이원론자이다. 물과 불, 빛과 어둠, 창과 방패처럼 말이다. 사람들은 타인에게 교양적으로, 즉 예술적인 사람으로 평가받고자 노력한다. 여기서 필자는 한 가지 흥미로운 실험 결과를 제시하도록 하겠다.

과연 셰익스피어와 개성이 넘치는 작가의 작품 중 어떤 작가의 작품을 선택할까? 우리가 학습 받아온 결과대로라면 당연히 셰익스피어같은 교양적이고 예술적인 작가가 선택받는 것은 의심의 여지가 없다. 그러나 미국 대학생들을 대상으로 한 이 실험에서 대중들의 선택은 셰익스피어가 아니었다. 타인 앞에서 선택할 때에는 대부분이 셰익스피어의 작품을 선택하였지만 개인일 때는 심슨 가족을 선택하였다는 것이다. 심슨 가족(미국 방송국인 폭스에서 방영 중인 미국 최장수 애니메이션)이 오셀로를 능가했다. 다시 말해서 사람들은 교양이라는 틀에서 벗어나 한 편으로는 추함을 선택했다는 참으로 아이러니한 결과가 나왔다. 이 실험을 통해 추측할 수 있듯이 우리의 미와 추함에 대한 이원론적 구분은 모순투성이다고 결론지을 수 있겠다.

고대 그리스의 실존주의자 헤라클레이토스는 해 아래 새로운 것은 없다고 하였다. 이러한 헤라클레이토스의 주장을 뒷받침하듯이 이 세상에는 셀 수 없이 많은 생명체들이 존재한다. 그리고 그들의 본질은 동일하다. 과연 지구 생명체 중 하나에 불과한 인간이 모든 생명체들의 미와 추에 대한 통찰적 정의를 마음대로 정하는 일이 우습지 아니한가? 그러므로 인간이 정의한 아름다움과 추함은 인간의 기준인 도덕적, 종교적, 사회적인 가치로서 분리되지 않기에 평가할 수 없다.

07
기계화된 현대 사회 속 인간의 소외

"마치 벌레처럼 변해버린 흉측하고 가느다란 다리들, 그것은 분명히 벌레의 다리였다. 그리고 또한 자신의 다리였다." 이는 프란츠 카프카의 작품 '변신'에서 빌려온 구절이다. 작 중 자신의 가족을 안정적으로 부양하기 위해 노동하는 그레고르는 잠에서 일어난 후 마치 한 마리의 벌레처럼 되어버린 자신의 모습을 마주한다. 그리고 이런 그레고르의 모습에 가족들은 정성스럽게 돌보는 척을 하였다. 그들에게 그레고르는 돈을 벌어오는 하나의 기계에 지나지 않은 존재이기 때문이다. 따라서 이용 가치가 없어진 그레고르는 벌레처럼 비참한 죽음을 맞았다. 카프카의 변신은 그레고르의 비극으로 막을 내렸다. 그러나 우리 사회에 제2, 3의 그레고르가 없을까? 필자는 이제부터 그레고르의 비극에 대해 통찰해보고자 한다. 먼저 시작하기에 앞서 한

가지 질문을 던져보겠다. 행복은 물질과 무관할까 아니면 물질이 존재하므로 행복할까?

인간의 이용 가치는 참으로 정의하기 어려운 문제다. 필자는 인간의 능력은 고작 종이 쪼가리에 한정되지 않을 만큼의 능력이 충분히 존재한다고 믿기 때문이다. 그러나 어리석게도 우리는 우리의 풍부한 능력을 스스로 틀에 가둔다. 불평등한 계급 사회는 태어날 때부터 인간을 한 마디 명제로 정의하는 특수한 힘을 가지고 있다. 장인이란 한 분야에 뛰어난 기술과 지식을 가지고 있는 지식인을 뜻하는 용어로서 사용되지만 과거에 장인은 축복받지 못한 존재라고 생각한다. 왜냐하면 그들은 대부분 계급 사회의 피해자이기 때문이다. 장인은 중세 유럽에서 파생되었다. 중세 유럽에서 하나의 길드를 조직하고 공동체를 구성하는 시대에 공동체에 속함은 자신의 생존을 보장하는 확실한 방법이었다. 따라서 외부의 위협으로부터 생존하기 위해서는 원하든 원하지 않던 한 분야에서 경쟁력을 길러야만 한다. 여기서 파생된 개념은 바로 장인이다. 장인의 후예는 그들의 인생에 대한 선택권이 주어지지 않는다. 어떻게 보면 참으로 불운한 인생이 아닌가? 그들의 희생은 기술의 정점으로 도약하였지만 정작 평생토록 행복을 찾지 못한 이들이다. 그래서 장인은

칭송받아야 할 단어는 아니다. 강제적인 노동의 분화는 개인의 공리를 침해한다. 이는 주로 권력, 종교의 불평등한 형태로 나타난다.

인도의 카스트 제도는 종교의 폐해이다. 그리고 조선의 사농공상은 귀천을 논하던 권력자들의 거짓된 산물이다. 역사적으로 개인의 공리를 침해하는 썩어빠진 사회를 규탄하고 혁명을 일으킨 사건은 종종 존재한다. 이는 또 다른 악을 야기할 뿐이다. 루터의 종교 개혁은 로마 가톨릭의 이단적인 면모를 고발한 사건이었지만 그의 개신교조차 종교의 폐단을 극복하지 못하고 있다. 악화는 양화를 구축한다(제아무리 상품성 높은 사과들의 집단이라도 썩은 사과가 한 개라도 발생하는 순간, 그 집단은 더 이상 튼실한 사과의 지위를 유지할 수 없다.) 철저한 공리주의자인 제레미 벤담은 시선으로 인한 공리의 감소가 전체 구성원에게 피해를 미친다고 봤다. 선한 이에게는 동정심(측은지심)을 그렇지 않은 이들에게는 혐오감을 주는 것처럼 말이다. 따라서 런던의 빈민자들을 한 구역에 격리해야 한다고 주장했다. 소수의 빈민자들이 느끼는 고통보다 대다수의 일반 시민이 느낄 고통이 더 크다고 평가한 것이다.

흔히 우리는 교도소에 간다는 표현을 콩 밥을 먹는다고들 한다. 그러나 결론적으로 이 콩 밥 역시 국민의 세금, 공리에서 비롯된 것이다. 제레미 벤담의 주장에 근거한다면 우리는 사회 하층에 위치한 계급들에 대한 선의를 베풀 수 없다. 그리고 이것은 사회적 통합을 저해하는 불안정한 요소로 작용할 것이다.

마이클 베이 감독의 영화 더 록(The Rock)의 무대인 알카트라즈 교도소를 들어보자. 알카트라즈 교도소는 미 연방의 형무소로서 1934~1963년 동안 사용되었다. 미 연방 형무소가 된 후 주로 유괴범, 은행 강도, 탈옥 상습범 등 중범죄를 저지른 범법자들이 수용되었다. 그러나 한 줌의 자유조차 허용되지 않는 섬 내부의 혹독한 환경과 외부의 출입을 원천적으로 막아버린 단절된 환경에서의 엄중한 처벌은 여러 건의 자살과 살인 사건을 야기하였다. 법의 공정한 처벌은 원칙대로 철저히 이루어지고 판결나야 한다. 일종의 사회 계약인 사법권을 무시하는 처사는 곧 그 국가를 무너뜨리는 내부의 붕괴를 야기한다. 물론 여기에는 주취 범죄가 범죄자의 심신미약이라는 이유로 형을 경감하는 어리석은 과정은 일체 개입할 수도 없다. 법에 따른 처벌은 절대적으로 공정해야만 한다.

음주 운전으로 건강하고 미래가 밝은 한 청년의 삶을 송두리째 앗아가 버린 음주 범죄를 윤창호 법으로 단속하는 것이 국민의 공리를 지킬 수 있는 가장 합리적인 방법이다. 그러나 스스로 인간이기를 포기한 이들을 제외하고 우리는 원수를 용서하고 사랑할 수 있는 관용적인 자세도 필요하다. 교도소의 본래 목적은 교화가 주이지 학대와 처벌이 아니기 때문이다. 너무 엄격한 형벌은 오히려 악화를 구축할 수 있다. 이를테면 미국 출신의 마이클 P.페이는 가정 상황에 싱가포르로 이주하였다. 그리고 길거리의 차량을 훼손하는 경범죄를 저질렀다. 이에 싱가포르 당국은 아직 10대 소년에 불과한 페이에게 4대의 태형(곤장)을 집행했다. 여기서 태형은 범법자의 엉덩이를 커다란 나무 막대기로 내려치는 형벌이다. 나무 막대기라니 별 거 아닌 형벌처럼 느껴질 수 있지만 이는 자칫 잘못하면 위험한 상황이 닥칠 수 있어 집행 전 장기를 보호하는 패드를 부착하고 진행한다. 비록 패드를 부착한 상태라도 그 흉터는 평생토록 남는다. 태형을 집행 받은 마이클 페이의 삶은 어떻게 변화되었을까? 오히려 그는 미국에 돌아가서 마약류를 다루는 약물 범죄자로 성장하였다. 그에게 잘못이 아주 없다고는 할 수 없다. 그러나 경범죄가 중범죄로까지 확대된 모습을 보고 태형의 집행이 꼭 정의롭다고 할 수 있을까? 이에 대한 판단은 여러분에게 맡기도록 하겠다.

다시 본론으로 돌아와서 고도로 기계화된 노동 사회는 기회주의자들에게 특화된 시스템이며 동시에 불평등한 분배 질서를 점화할 문제이기도 하다. 애덤 스미스의 보이지 않는 분업 시스템은 제 3차 산업혁명까지만 통했던 개념이다. 그래서 스미스의 분업론을 인공 지능과 기계가 판치는 이 시국에 적용하지 못한다. 그리고 새로운 노동 시장은 인간의 천부적인 존엄성을 위협할 가능성이 충분히 도사리고 있다. 그레고르만 해도 기꺼이 온 몸을 바쳐 희생했던 가족에게 버림받고 비침한 최후를 맞았다. 그리고 이는 인간성이 사라진 잔혹한 사회를 만들 위험이 있다. 도스토예프스키의 죄와 벌에서 유능한 명문대 재학생 라스콜라니코프는 동생의 학자금 등을 명목으로 결국 늙고 힘 없는 노파를 살해했다. 이렇게 각박한 세상에서 누군가의 도움을 기대하는 것만큼 어리석은 일이 따로 없을 것이다.

오늘날 한국의 상황도 별반 다르지 않다. IMF 사태로 정규직과 비정규직이, 학벌주의는 인생의 타이틀을 좌우한다. 심지어 같은 명문대에서조차도 지방과 수도권을 가르는 현실은 개천에서 절대로 용이 날 수 없는 시스템이다. 따라서 누구보다도 사회적 동물인 우리는 각자 분리를 해나간다. 외롭기만 한 분리적 사고는 언제 그 끝을 향해서 달려갈까?

요즘 1020 세대 간에는 3포 세대라는 말이 흔하게 들린다. 3포 세대란 취업난, 불안정한 일자리, 천정부지로 치솟는 집값, 물가 상승에 따른 생활비용의 지출 등의 사회적 압박으로 인해 연애와 결혼, 출산을 포기한 청년층 세대를 말한다. 이 3포 세대는 가령 지금 학생 신분인 이들에게도 자유롭지 않은 단어이다. 대학 입시 비율에서 이제 30퍼센트까지 확대되는 정시는 객관적이 지표지만 더 많은 N수생을 양산할 것이 분명하다. 우리는 N포 세대이다. 그리고 이는 우리의 숨을 조이고 있다. 최근 SNS 상에서 유행하는 청소년들의 자살, 자해 등과 관련된 게시글을 찾아보아도 이를 엿볼 수 있다. 이처럼 불안정한 환경에서 아무리 목을 조르며 나아간다 한들 높은 이윤을 창출해낼 수 있을까?

  노동 환경의 불안도 마찬가지이다. 사람이 돈 버는 능력에 따라 개인의 인격이나 존재가 어떻든 그들은 비수를 계속 날린다. 거짓으로 연기하며 살아가야만 하는 그들의 일상은 행복하다고 보기 어렵다. 그리고 사회적 동물인 인간의 사회적 고립은 빌딩들에 둘러싸여진 기계화된 개인주의 사회의 이면이라 할 수 있다. 당장의 가시적인 성과와 고도로 발전된 자신을 입증하는 것은 중요한 일이다. 이제 우리는 노동의 본 목적을 생각해야 할 때이다. 우리는 진정으로 행복하게 살고 있다고 자신 있게 말할 수 있는가?

행복이란 돈을 통해서 쟁취할 수 없는 완전한 개념이다. 이 글을 고된 일상에 지친 현대인들에게 바친다.

08
종교는 인간의 창조주인가

표제는 독일의 실존주의 철학자 니체의 유명한 말이다. 필자가 니체의 트레이드마크라고 할 수 있는 이 구절을 인용한 것은 절대적인 종교를 말하고자 하기 위함이다. 종교는 곧 인류의 역사라 해도 과언이 아니다. 그리고 평화를 숭배하는 종교는 역설적으로 역사적인 모든 전쟁과 사회 분란의 원인으로 작용한다. 과거 로마 가톨릭은 200년간 의미 없는 죽음을 유도했고, 면죄부, 종교 재판 등 인류의 진보를 경계하고 방해 해왔다. 갈릴레이 같은 인정받는 대학자마저도 종교의 탄압에 굴복했으니 말이다. 이 뿐만 아니라 오늘날 페미니즘으로 주복 받는 성 차별 또한 여기에서 왔다.

한국의 유교는 역사상 유래 없는 여성 탄압을 이끌었다. 그리고 가톨릭의 신부는 오직 남자만 담당한다. 암탉이 울면 집안이 망한다는 속담은 한국 유교 사회의 병폐를 적나라하게 드러내는 말이다. 흔히 결혼의 대명사로 쓰이는 '장가간다', '시집간다'의 어원을 알고 있는가? '장가간다.'라는 말은 신랑이 신부의 집으로 간다는 의미이고, '시집간다.'라는 말은 신부가 신랑의 집으로 간다는 말이다. '시집간다'라는 말이 더욱 익숙하게 들리는 우리로써는 장가간다는 표현을 받아들이기 어려울 수 있다. 그러나 사실 조선 중기까지만 하더라도 남자가 여자의 집으로 가는 것이 더 흔한 개념이었다. 고구려는 서옥제라는 작은 집을 처가에 지어 살았고, 여성의 자유가 보장되는 획기적인 시대였다. 이는 고려에서도 그대로 계승되었다. 여성은 재산 상속이나 제사 면에서도 남성 못지않은, 오히려 남성보다 큰 영향력을 행사하였다. 오늘날 나란히 5만원 지폐와 5천원 지폐의 표지를 담당하고 있는 사임당과 율곡 이이 모자는 이런 자유로운 환경에서 출중한 재능을 펼쳤다. 여담으로 율곡 이이는 장원 급제를 무려 13번이나 하였다고 한다(장원 급제의 개념은 가히 헬 조선이라 불릴만한 조선의 입시 제도이다. 속된 말로 수능을 불수능이라 평하지만 조선의 과거는 그 시기가 매우 불규칙적이었고 평균적으로 1년 3개월마다 실시되었다).

 그나마 이들은 시대 운을 어느 정도 타고났지만 우리 역사에는 그렇지 못한 이들이 태만이다. 허난설헌은 동아시아가 당시 동아시아의 세계관인 조선뿐만 아니라 중국과 일본에게 까지 영향력이 컸던 여류 시인이다. 타고난 예술적 재능을 지닌 허난 설헌은 대표적인 가부장적 사회의 피해자이다. 그녀는 여성이 라는 이유만으로 죽을 때까지 재능을 인정받지 못하고 비참한 최후를 맞이하였다. 하마터면 그녀의 뛰어난 시집이 소실될 뻔 한 위기를 맞이하기도 했었다.

이외에도 예의를 중시하는 약소국의 백성인 죄로 끌려간 백성들 중 남성은 금의환향을 했으나 여성은 화냥년이라 불리며 자결을 하던가 평생 모욕을 받던가하는 상황에 놓이게 되었다. 결국 이 모든 비극은 유교라고 할 수 있다. 정확하게 말하자면 유교의 예는 선하다. 부모에게 은혜를 갚는 효를 숭상하고, 노소 가리지 않고 서로 우의범절을 지키는 모습은 인간의 도덕적인 부분을 학습시키고자 하였을 뿐이니 말이다. '82년생 김지영' 은 최근 붉어진 젠더 논쟁을 재점화한다. 잘못된 것은 순수한 종교를 권력의 수단으로 변질시킨 타락한 자들이다. 그들은 겉으로는 유교의 신봉자를 자처했다. 그리고 자신들의 권력 유지에 방해가 되는 신진 세력들을 무자비하게 숙청했다. 권력이란 잡아본 자만이 알 수 있다 말한다. 그 만큼 권력은 그 인물의 진정한 모습을 보여주는 거울이다. 권력 유지에만 혈안이 되어 다른 학문은 배척하고 내부의 분열만 있었던 결과가 일제 강점기라는 사실을 기억해야 한다. 또한 역사적으로도 권력은 종교와 결탁한 사례가 빈번하다.

고려 시대 불교는 국가를 등에 업은 약탈 기관을 빙자했고, 유교도 그들의 근거지인 서원이 세금이 면세되고 일반 백성들을 혹독하게 수탈하였다. 그리고 어떤 종교가 우리들의 삶을 좌지우지 할까? 참으로 궁금한 대목이다. 중동 아시아에서는 지금 이 시간까지도 이슬람 종파 간의 전쟁이 발생하고 있고, 이는 유럽 대 테러로 전 세계를 위협할 능력을 입증하였다. 잠깐 종교의 창시가 왜 일어났는지를 상기해보자. 신은 인간들의 손에 자유, 박애, 평등을 주었을 뿐이지 총과 폭탄을 쥐어 준 것이 아니다. 이게 진정한 신의 종교라면 신은 이미 죽었다. 신은 각 국가를 대표하는 문화이다. 서방 세계는 크리스트교, 중동 아시아와 북부 아프리카는 이슬람교, 동아시아가 불교로 대표되는 것처럼 말이다.

종교인들은 넓은 부지를 소유한 한 개의 분리된 대기업 형태이다. 하물며 그들이 소유한 신도, 부지 이를 이용한 영향력 확대는 과거와 다를 바 없다. 그런 그들이 보이지도 않는 형이상학적인 개념에 불과한 신을 섬긴다는 이유로 양심적 군역 거부와 종부 세를 부과하지 않는다면 국가가 국민을 우롱한 셈이다. 사람을 죽이는 살인 기술을 배우려고 소중한 인생을 할애하면서까지 군대에 간 것이 아니다. 당연하게 주어지는 평범한 삶을 제공하려고 생명 위험까지 받으면서 주야 가리지 않고 있다. 그런데 종교인이라 군역과 납세를 거부한다면 대한민국은 온전하게 유지될 수 없다. 우리는 죽음을 체험할 수 없다. 따라서 죽음이 무엇인지를 알 수 없다. 한 치 앞도 보이지 않을 때 두려움을 느끼는 것처럼 죽음의 공포를 의지할 촛불이 필요하다. 이것이 바로 종교이다.

그런데 이런 심리를 이용하여 사람들을 위로해주기는커녕 자신의 사리사욕만 채우는데 혈안이 된 일부 성직자들은 성직자라 불릴 가치조차 없다. 그들은 그저 간악한 장사치의 모임에 지나지 않을 뿐이다. 신을 믿는 것만이 근본적인 해결책은 아니다. 우리는 이제 스스로 알에서 깨고 나와야할 때이다. 종교의 병폐를 뿌리 뽑아야 한다. 단테의 신곡은 연옥, 지옥, 천국을 단테의 여행담으로 풀어내었다. 우리는 단테의 여행담을 통해 중세의 진리를 통찰 가능하다. 세계 4대 종교라 평가받는 기독교, 이슬람교, 불교, 유대교는 제각기 다른 종교이지만 공통으로 추구하는 바는 같다. 모두 도덕적으로 선한 일을 추구하면 그것이 개인에게 선함으로 다가온다는 내용이다. 내세의 덕은 쌓기 어렵지만 상대적으로 인간은 카르마를 쌓기 쉬운 존재이다. 카르마의 연속성은 인간을 타락으로 이끈다. 우리는 카르마에 빠지는 고통을 피하기 위해 더욱 종교에 의지하게 된다. 단테의 신곡을 잠시 엿보자면 베르길리우스가 지옥으로 단테를 인도하였을 때 모두 전생의 카르마에 따른 끊임없이 화염에 휩싸이는 고통을 받아야만 했다. 자극적인 미디어 매체가 발달한 오늘날에는 이 구절은 크게 우리를 동요시키지 못하지만 중세에 이는 죽음보다 더한 고통이었을 것이다. 하물며 이러한 민심은 국가의 최고 권력 수장인 군주마저 위협할 힘을 가졌다. 이를 이해하기 힘들어 할 독자들에게 카노사의 굴욕을 설명하겠다.

신성 로마 제국의 황제인 하인리히 4세는 주교를 임명하는 서임권을 둘러싼 교황과의 논쟁에서 갈등을 빚는다. 이 과정에서 신하들은 국왕과 교황 파로 갈라져 논쟁하지만 왕이 종교 파면을 당하자 모두 왕을 떠난다. 결국 하인리히 4세는 사흘 간 맨 발로 아무 것도 먹지 못한 상태로 카노사에 있는 교황에게 사죄를 구하면서 종결한다. 통치권자인 황제마제도 굴복하는데 일반 백성들은 태어나면서부터 종교에 대한 절대적인 충성을 맹세한다. 이를테면 태어나면서부터 성수를 이용해 세례를 받는 형태로 말이다. 물론 교회는 르네상스 시대의 거장들을 지원하기도 했다. 레오나르도 다 빈치, 라파엘로, 미켈란젤로에게 대대적인 지원이 없었더라면 그들의 천재성과 세기의 작품들은 빛을 발하기 힘들었을 것으로 추측 한다. 르네상스의 부흥은 어찌 보면 막강한 중세 교회의 권력에서부터 비롯되지 않았나 싶다. 그러나 신으로 군림하던 교황 세력은 1309년부터 1377년까지 프랑스 왕 필리프 4세의 강요로 로마 바티칸에서 프랑스 아비뇽으로 옮겨진 이 후 황제와 견줄 과거의 권력은 사라졌다.

유럽의 모든 국가에서 국교였던 가톨릭은 영국에서 배제되었다. 영국의 헨리 8세는 왕비와의 이혼을 교황청에 요구했다. 그리고 교황청이 이를 종교 윤리에 위배되는 행위라며 거부하자 국교를 개신교로 과감히 바꾸었다. 신성 로마 제국의 황제인 하인리히 4세와는 전혀 다른 행보이다. 그러나 아직도 종교는 건재하다. 종교의 폐단을 개혁하려는 루터의 개신교는 새로운 가톨릭을 양산하였고 이는 고스란히 신대륙인 미국의 청교도들이 된다. 그리고 미국으로 건너간 청교도들의 후예들은 세계를 장악하고 있다. 군사, 정치, 경제 모두 미국으로부터 자유로울 수 있는 나라는 몇 되지 않는다. 그리고 이는 한국으로 건너와 하나의 기업이 되었다. 교황은 제아무리 황제라 해도 건들 수 없었다. 그리고 이런 권력에 신부들은 자녀를 낳아 자녀에게 그 권력을 세습하고자 하였다. 신부독신제는 철저히 무시되었다. 그래서 1123년 로마 라테라노 공의회에서 신부독신제가 발의되었다. 그리고 신부독신제는 가톨릭 신부에게 오늘날까지도 적용되고 있다. 신부독신제의 제정 사유로 비춰봤을 때 비단 가톨릭에만 해당하는 내용은 아닐 것이다.

OECD 국가 중 한국만 유일하게 종교인 납세가 시행되지 않는 국가이다. 1968년에 시작된 종교인 근로소득세 헌법 38조에 의하면 노동이 가능한 모든 국민은 정당한 활동을 통해 얻은 수입 일부를 세금으로 납부해야할 의무가 있다. 기업적인 교회가 공공연하게 세습되는 형태에서 우리는 종교인 근로소득세를 제정하여 그들의 불합리한 소득을 제한해야 할 필요가 있다.

인생은 짧고 역경은 많다. 그리고 우리의 실존은 나약한 존재다. 그래서 형이상학적 믿음은 우리의 본능이다. 우리의 희로애락에는 모두 믿음이 필요하다. 믿음은 곧 망망대해 속 우리를 비춰주는 등대이다. 우리가 의지할 신은 여전히 권력에 집단화되어가고 있다. 그러므로 신의 거룩한 이름으로 실존을 부정하는 그들에게 마땅한 성찰이 요구되어야 한다.

09
망가져 가는 지구와 인간

공룡이 대멸종은 약 2억 2,500만년부터 약 6,500만년 전까지의 중생대 시기에 존재했다. 그리고 사라진 지구의 전 주인에 대한 현 주인인 인간의 관심은 크다. 1993년 개봉한 스티븐 스필버그 작가의 쥬라기 공원만 봐도 공룡의 관심을 알 수 있다. 쥬라기 공원 속 공룡의 모습은 호기심을 불러오기도 하지만 어떻게 이들이 멸종했는가 궁금증을 들게 만든다. 과학적으로 생물이 생성되고 현재까지 5차례의 대멸종이 있었다. 고생대 3번 중생대 2번이다. 공룡은 여기서 중생대에 생존했던 생물체이다. 이들의 죽음에는 운석 충돌설, 초화산 폭발설 등 여러 가지 가설들이 있지만 결론적으로 공룡이 멸종함으로서 인류의 조상격인 포유류가 진화할 수 있게 되었다.

그리고 새로운 주인인 인간은 이제 6차 대멸종의 위험이 도사린다. 유엔은 최근 열린 제7차 생물다양성과학기구총회

(IPBES)에서 동식물의 씨를 말리는 인간의 탐욕이 결국 지구 대멸종을 불러올 것이라는 경고를 했다. 유엔 보고서를 보면 현재 생물의 멸종속도는 지난 1000만 년 평균보다 최대 수백 배가 빠르다. 2000년 이후 지구에서는 매년 평균 650만 ha의 산림이 사라졌고 전체 생물 가운데 100만 종이 멸종 위기에 처해 있다. 유엔은 도시화에 따른 동식물 서식지 감소, 무분별한 식물 채집 및 동물 사냥, 기후 변화 등을 생물 멸종 가속화 이유로 꼽았다. 이에 따라 유엔 보고서는 인간이 생산하고 소비하는 방식 전체를 근본적으로 바꿔야만 6차 지구 대멸종을 막을 수 있다고 주장했다. 더 이상 환경 문제는 가볍게 볼 사안이 아니다. 넓은 바다에는 인간이 버린 플라스틱 폐기물들이 모여 하나의 섬을 이루는 지경이다.

혹시 플라스틱 아일랜드에 우리가 버린 물품이 이를 구성하는 재료 중 하나일지도 모른다. 오존층의 파괴는 치명적이다. 남극의 오존층 지표 변화를 봤을 때 남극과 근접한 오스트레일리아의 주민들은 날이 선 자외선에 심각한 피부암 질환을 앓고 있다. 해수면 또한 지난 100여년간 전 세계 평균 해수면이 20cm 이상 상승하면서 국토가 해수면보다 낮은 네덜란드, 일본 같은 국가는 긴장을 늦출 수 없다. 이외에도 중국발 황사 속 미세먼지, 체내에 흡수되는 미세먼지 중독은 우리가 사태의 경각심을 가져야 한다는 것을 말한다. 특히 미세 플라스틱 같은 경우에는 체내에 들어왔을 때 분해되지 않고 기관으로 들어가 심각한 질환을 유발할 염려가 있다. 더불어 지난 2011년 발생한 일본 후쿠시마 원자력 발전소 사고는 일본 연안의 해안을 오염시킬 뿐만 아니라 태평양 해류를 타고 흘러가 미국 서부 지역의 해안과 토양을 방사능으로 오염시키고 있다고 한다. 물고기는 방사능과 미세 플라스틱에 오염되었고, 인간을 포함한 상위 포식자들은 꾸준히 이를 섭취하는 생태 시스템을 취하고 있다.

레오폴드의 대지 윤리에서 저자는 인간을 동식물등과 함께 거대한 대지 공동체로 바라보아야 한다는 입장을 표명한다. 역사는 자연을 그저 인간의 욕심을 충족시키기 위한 대상으로 보았다. 설령 자연을 훼손하는 일이라고 할지라도 이해타산 관계만 충족된다면 국가조차 개입하지 않았을 정도니 말이다. 그러나 100년이 지난 후 지구는 아직도 인간의 충성스러운 매개체를 담당하고 있을까? 지구의 허파는 망가지고 있다. 장 지오노의 나무를 심는 사람에서 증기 기관차의 연료로 사용될 나무를 충당하는 과정에서 숲은 사라졌다. 숲의 부재는 태양 빛이 강을 집어삼키는 결과를 초래하였다. 생명의 근원이 사라졌으니 당연히 원인의 장본인도 무기력하게 숲을 떠날 수밖에 없다. 만일 자신의 일생을 헌신하여 나무를 심은 노인이 없었더라면 마을의 재구성은 쉽게 보장할 수 없는 사안이다. 우리는 자연을 숭배하고 배척하는 참으로 역설적인 존재이다.

"오늘날 한 사람의 외로운 투쟁이 기적같은 일이 되기를 소망한다."

10
인종 차별의 증오로부터
우리는 결백한가?

　나에게는 꿈이 있습니다(I have a dream)! 1963년 8월 28일 미국을 울렸던 마틴 루터킹 목사의 환호이다. 마틴 루터킹 목사가 한 백인이 쏜 총탄에 암살된 1968년에서 지금 2019년의 모습은 얼마나 변화하였을까? 유색인종들은 여전히 사회 곳곳에서 불합리한 불이익을 받으면서 마음대로 통행조차 하기 힘든 상황이 연출되고 있다. 1499년 아메리카 원주민의 땅인 아메리카에 콜럼버스가 산타 마리아 호를 끌고 도달했다. 이에 신대륙을 찾았다고 환호하는 유럽인들 사이로 동시에 비극이 발생하게 된다. 먼저 호의적인 태도로 그들을 반겨준 아메리카 원주민부터다. 대자연에서 살아가는 그들을 플랜테이션의 노예로 이용한 것은 오늘날까지 이어져오는 인종 차별의 분쟁을 야기했다. 그러나 그들은 혹독한 노동을 견디지 못했다. 백인들은 3D 업종에 이용

할 노예를 원했다. 대안은 아프리카 흑인 노예의 도입이었다. 그 때엔 흑인 노예가 단순한 기계 부품 정도로 치부되었다. 따라서 그들에게 인간적인 권리란 실현 불가능한 개념이었다. 당시 상황을 들여다보자면 백인 부르주아들은 20대 중반의 남성 흑인 노예(약 1200달러), 그리고 임신 가능한 흑인 여성 노예를 가장 선호했다. 흑인들을 최대한 많이 태우고자 노예선의 하갑판에 사람을 화물처럼 실은, 피도 눈물도 없는 그들에게 노예의 인권은 고려할 가치조차 없었다. 이런 흑인 노예들의 삶을 다룬 노예 12년의 상황 속에서 단순한 재산에 지나지 않는 그들은 학대를 받고 심지어 생명권을 잃더라도 저항할 수 없었다. 그들에게 허락된 것은 동료의 죽음을 보고 오직 함구할 뿐이었다. 설령 운 좋게 고발을 하더라도 백인 주인에 대한 처벌은 이뤄지지 않는다. 그 피해는 고스란히 흑인 노예가 돌려받아야 했다.

링컨의 노예 해방 개혁 이후에 법적으로 자유민인 그들은 여전히 사회에서 고립된 존재였다. 백인들은 단체를 조직하여(대표적으로 KKK단이 있다) 학대하였다. 버스에서 조차 백인석 흑인석이 따로 있었던 것처럼 말이다. 이러한 상황에서 마틴 루터 킹 목사는 평등을 외쳤다. 오바마라는 미국 역사 최초의 유색인종 대통령이 당선되었다(오바마 대통령의 어머니는 백인이었고, 아버지는 흑인이었다). 그러나 미국은 제노포비아 상태이다. 트럼프 정부는 백인 우월주의를 노골적으로 드러내고 있고, 언론 매체에서 백인 경관의 흑인 총격 사건은 여전히 들려온다. 이 문제는 미국만의 문제가 아니다.

당장 한국을 살펴보더라도 인종 차별은 비일비재 하다. 한국 사회가 단일 민족 국가라 부르지만 역사적으로 우리 사회는 다문화 사회이다. 전쟁이 즐비한 우리 역사에서 외부 민족의 유입은 흔한 일이다. 백정은 조선 시대에 도축업을 담당했던 천민이다. 그리고 한민족이 아닌 북방 민족이다. 이들은 농경 사회인 한국 사회의 풍조에 희생당한 피해자이다. 기록에 따르면 백정의 외모는 주로 짙은 눈썹, 움푹 들어간 눈, 검은 피부, 옅은 눈동자를 지녀 한민족과 확연히 다른 민족이다. 그리고 대한민국은 3D 업종을 기피하는 내국인들을 대체하는 저개발 도상국 출신의 이주 노동자들을 알게 모르게 천시하고 있다. 외국에서 한국인이 차별받는 상황에는 분노하지만 일상 속 외국인들의 차별에는 암묵적인 동의를 보낸다. 암묵적인 동의는 실제 합의에 비준한다. 인간의 존엄성을 침해하는 행위를 공리주의적 관점에서만 평가할 수 없다. 우리는 피해자인 동시에 피의자임을 명확하게 인지해야 한다. 인종의 문제는 미래 인재를 양성하는 교육 제도에까지 영향을 미친다. 능력주의라는 자유 시장에서 능력에 따른 배분은 도덕적인 딜레마를 양산하는 계기가 된다.

우리는 우리가 추구하는 정의가 정당한지 의심을 표해야 할 필요가 있다. 이상은 평화롭지만 역사는 폭력적이다. 유색 인종을 차별하는 백인들을 동경하고, 다른 유색 인종을 차별하는 모순된 모습은 우리가 백인우월주의에 심화되었다는 증거이다. 요람에서 무덤까지 노동자가 기계가 된 모습은 마르크스의 자본론에서 그가 노동자들은 단순한 상품으로 취급될 것이라 했던 예언과도 같다. 인간의 노동은 체현(體現)이다. 인간의 노동은 성스러운 개념이다. 모든 노동은 존중 받아야 할 대상이다. 고로 모든 노동은 가치를 지닌다. 역시 노동자는 귀천가리지 않고 존중받아야 함이 마땅하다고 본다.

1974년 미국의 인류학자 도널드 조핸슨 박사가 에티오피아 하다르 계곡에서 발견한 318년 전 직립 보행한 통칭 '루시'는 인류가 하나라는 명제를 증명한다. 고대 인류는 아프리카에서 출발하여 유럽, 아시아, 너머로 아메리카까지 진출했다. 그 과정 속 환경에 따른 외형이 바뀌었어도 우리는 모두 호모 사피엔스의 후예들이다. 그러므로 더 이상의 인종 차별주의와 혐오의 논제에 왈가왈부하는 것은 바람직하지 않다.

11
용감한 사자와 합리적인
여우가 되어라

    합리적인 국가란 무엇일까? 아마도 굶주림의 공포에서 벗어 난 현 인류에게 당장의 어려움을 미치지는 않는다. 역사는 모든 것을, 미래까지도 가르쳐준다. 19세기에 활동했던 프랑스 작가 라마르틴의 말이다. 그의 명제는 이제 우리가 현재 경제 위기의 극복을 위해 고대부터 근대까지의 경제의 역사를 다뤄보고 새 로운 국부의 개념을 찾아보고자 한다. 고대 경제의 개념은 아마 도 화폐와 상품의 유통이라는 개념에서부터 시작되었다고 예측 해본다. 광활한 영토를 바탕으로 유럽의 주인이었던 로마 제국 은 거대해진 제국을 안정시키는 방안으로 약 85,000km의 포장 도로와 40,000km의 비포장도로를 운영했다. 따라서 팍스로마 나는 성립된 것으로 본다. 심지어 로마 인들은 지중해를 '우리 의 바다'라고 칭하였을 정도였으니 말이다. 체계적인 화폐 제도와 운송 시스템의 정비가 활발하게 이뤄지지 않았다면 로마 제국은 현대 사회에까지 영향을 주는 대 제국에까지 도달하지 못했으리라. 갈리아, 브리튼 같은 북부의 영토는 타 민족 간의 분란을 심화시킬 만큼의 힘을 가지고 있었다. 이에 이들을 실용주의자라고 평가할 수 있겠다. 이런 로마 제국은 어떻게 멸망하였을까?

팍스 로마나 이 후 로마는 거대한 영토를 각각 동서로 분리하여 통치했다. 그리고 날이 갈수록 심해지는 재정 적자를 인플레이션이라는 치명적인 실수를 저질렀다. 인플레이션은 화폐가치의 하락으로 물가가 증가하는 현상이다. 시장이 감당하지 못할 정도로 화폐가 갑자기 풀렸을 때 발생한다. 이와 반대 개념인 디플레이션은 물가가 떨어지는 현상으로 경기가 침체 되었을 때 발생한다. 부자는 망해도 3년은 간다. 이처럼 로마는 한순간에 망하지는 않았다. 이는 제국을 유지한 체계적인 시스템이 있었기에 가능했다고 본다.

로마를 망국의 길로 걷게 한 결정적인 인플레이션은 20세기 초 1차 대전 직후의 독일에서도 나타난다. 당시 막대한 전쟁 배상금을 물어주어야 했던 독일 정부는 화폐 남용에 이르고 말았다. 이에 1923년 환율은 무려 1달러 당 4조 마르크라는 엄청난 비극을 초래했다. 독일은 더 이상 화폐로서의 기능이 어려운 마르크 대신 렌텐마르크라는 새로운 화폐로 하이퍼 인플레이션을 종결했지만 자칫 독일을 파산직전으로까지 몰고 갈 뻔했다.

운송은 비단 서양인들만의 전유물이 아니었다. 경주의 황남대총에서 발견된 10점의 로만 글라스가 이를 증명한다. 동서양 문물의 중심지인 실크로드는 종교, 기술, 문화들이 전파되었다. 현재까지도 한국이 코리아로 불리게 된 동기를 낳은 고려는 해상 무역을 활용했기에 사농공상이 천시되었던 500년간의 조선에도 그 명맥을 유지할 수 있었다. 오늘날 중국이 아시안 하이웨이를 건설하려는 것도 과거 실크로드로 중국이 누렸던 문화 중심지라는 영광을 얻기 위함이다. 아시안 하이웨이는 1959년 유엔 주도로 착공된 도로이며 약 14,000km에 이르는 거대한 규모의 도로이다(이 도로의 동쪽 끝은 한국과 일본이다). 중국을 뜻하는 中國은 말 그대로 세상의 중심이라는 뜻이다. 그런데 중국은 유리한 조건에도 불구하고 유럽보다 근대화가 늦었을까? 잠시 관념론 철학자인 게오르크 헤겔의 역사 철학 강의에서 제시한 논증을 들어본다.

헤겔은 중국을 역사가 시작된 곳이라 칭하였다. 그러나 자유가 없기 때문에 내면의 정신까지 발전할 수 없었다. 즉 소년기 상태의 중국은 한계를 극복하지 못했다. 중국은 근대 이전까지 서양보다 높은 수준의 국력과 문화에 도달하였다. 세계 4대 발명품인 나침반, 종이, 화약, 활판 인쇄술이다. 이 모든 것은 중국에서부터 시작되었다. 그리고 유럽보다 4세기나 앞선 대 항해는 베트남, 인도네시아, 말레이시아, 태국, 스리랑카, 몰디브, 인도를 거쳐 아프리카의 케냐까지 도착했다. 그러나 자유를 제한하는 내부의 파쇼는 중국을 최고의 선진국에서 후진국으로 몰락시키는 믿기 어려운 결과를 불러왔다. 신분제에 따른 계급 사회는 공동선의 발전을 오히려 제한한다. 국가를 부강하게 만들 사농공상을 천시하고 그들의 공을 유교 경전만 외우는 엘리트들이 독점했다. 엘리트의 선발 기준에 국가를 이끌어갈 기초적인 실무 능력조차 요구되지 않는다. 따라서 중국은 넘치는 노동력과 기술을 가졌음에도 몰락했다. 화약을 이용한 로켓, 구텐베르크의 종이와 활판 인쇄술로 구성된 활판 인쇄술은 구조적인 시스템의 한계를 극명하게 보여주는 자료이다.

기술의 발전은 중세 유럽의 봉건주의 사회를 혁파한다. 후추는 서양 항해술을 발전시킨 원동력이다. 비잔티움 제국이 망하자 위기에 처한 것은 비잔티움이 아니라 유럽의 후주 공급이었을 정도로 말이다. 후추의 공급에 실크로드, 아프리카 대항로 개척, 콜럼버스의 신대륙 발견이 이루어졌다. 어찌 보면 모험 자본은 오늘날의 경제 구조와 유사한 부분이 많다. 애플의 창업주 스티브 잡스는 스마트 폰 시장을 개척하여 선구자로서 막대한 이윤을 창출하였다. 부와 명예를 동시에 얻은 셈이다. 현대도 대담한 자본 개척이 수반되었기에 불모지인 조선 산업이 세계적인 수준까지 도달하였다. 유럽의 식민 정책은 중상주의 관념에서 입각한 선택이었다. 산업혁명에서 비롯된 상품의 대량 생산은 새로운 시장을 요구하였다.

여기서 공급 과잉으로 디플레이션을 발생시킬 우려를 낳았다. 수출은 늘리고 수입은 줄이라는 중상주의의 기본 원칙에 충실한 유럽의 경제 원칙이다. 유럽은 또 다른 시장을 찾아 나갔다. 그것도 불평등적인 관계로 진행되었다. 아프리카 경제 수탈은 잘 알려진 사실이니 넘어가도록 하겠다. 동아시아를 잠깐 보자면 일본이 미국에 개항당해 불평등한 관계를 맺었다. 그리고 선진 기술을 받아들인 그들은 운요호를 필두로 조선을 개항시켜 미국이 했던 것처럼 불평등한 '강화도 조약'을 체결한다. 일본은 한국의 입장에서 최초의 근대적인 조약이자 불평등 조약인 강화도 조약으로 조선의 내수 시장과 사법권을 수탈하였다. 수탈의 역사는 끊임없는 경제의 알고리즘이다. 왜냐하면 재고 상품의 증가는 자칫 국가를 인플레이션에 빠지게 할 위험이 있다.

후추는 후추나무의 열매이며 음식의 양념으로 쓴다는 사전적 정의를 가지고 있는 향신료이다. 오늘날 국제 무역의 활성화로 접근 장벽이 낮은 후추지만 중세 시대만해도 귀족들만의 전유물이었다. 실크로드를 통한 동양으로부터의 후추 교역이 이를 담당하고 있던 비잔틴 제국의 멸망으로 위기를 맞자 중세 유럽인들은 신항로를 개척하면서까지 후추를 수급하고자 했다. 콜럼버스가 발견한 아메리카 대륙도 이 과정에서 발견된 것이다. 이러한 그들의 노력은 현재 국제 무역을 구성한 중요 자본이라 평할 수 있겠다. 그들이 후추의 공급에 개의치 않았더라면 아메리카가 발견되고 동서양간의 항구 무역이 원활하게 지속될 수 있었을까? 그러한 의미에서 중세 유럽인들이 추구한 후추 항로 개척을 위한 모험에서 파생된 자본은 주식과 그 형태가 매우 유사하다고 할 수 있다. 성공 확률은 낮지만 거대한 수익성을 자랑하는 무수한 투자가 이를 상쇄한다.

세계 통화 거래는 보편적으로 달러를 이용한 거래 형태이다. 여기서 환율을 계산한다는 말은 표준 화폐인 달러의 값어치에 따라 각 국의 화폐 가치가 시시각각 변한다. 미국의 달러($)는 어떻게 국제 통화의 상징이 되었을까? 2차 대전 종전 후 나토를 중심으로 서쪽의 자본주의 체제와 동쪽의 공산주의 체제가 분리되었고, 이 중심은 미국이었다. 사실 전쟁 이전의 미국은 유럽 국가들 이를테면 영국, 프랑스에 비해 국제적인 영향력이 크지 않은 국가였다. 그러나 유럽 국가 간에 전쟁인 제1차 세계대전이 벌어지고 나서 미국의 위상은 180도로 바뀌게 된다. 대서양 건너편의 안전한 군수 시장이었던 미국은 무기 수출로 막대한 이익을 벌었다. 잠시 경제 대공황을 맞아 휘청거렸지만 곧이어 2차 세계대전으로 국력을 회복했을 정도로 미국은 전쟁이 살린 국가라 해도 과언이 아니다.

금본위 제도는 화폐 단위의 가치와 금의 일정량의 가치가 등과관계를 이루는 환율 구조를 일컫는다. 브레튼우즈 체제의 금본위 제도를 미국이 달러화로 대체하면서 세계의 환율 구조는 매우 불안정한 형태를 보인다. 금본위 제도는 영국의 파운드화로 처음 그 모습을 드러냈다. 그러나 자본주의 체제는 전쟁에 영향을 받는다. 소련의 레닌은 자본주의를 무너뜨리는 방법은 화폐가치를 폭락시키는 것이라 말했던 것처럼 인플레이션을 초래하는 전쟁이 자본주의 국가인 영국에 피해를 미치는 것은 이미 예견된 일이다. 이 후 미국의 달러화가 파운드화의 자리를 대체했지만 이 역시 1960년대에 들어서 미국의 국제 수지 적자가 심화되고 1971년 금태환 중단을 선언한 스미소니언 체제와 1976년 킹스턴 선언으로 인한 브레튼우즈 체제의 몰락과 함께 금본위 제도는 역사 속으로 자취를 감추게 되었다. 달러라이제이션으로 미 달러가 세계 통화의 가치를 상정하는 모습은 매우 불안정한 구조라 할 수 있다.

금리가 심하게 요동치는 환율은 화폐 안전성을 더 이상 보장할 수 없다. 독일이 세계 대전 종전 후 하이퍼 인플레이션을 마주하기는 했지만 독일 경제를 효과적으로 복구했을 뿐만 아니라 히틀러는 세상 밖으로 나오지 않았을 것이다. 금본위 제도가 계속 진행되었다면 국제 사회 전반에 심각한 디플레이션을 야기되었을 것으로 추측된다. 금본위 제도를 추구하는 것은 화폐 가치를 상승시킨다. 이는 곧 느린 경제 발달 속도와 경제 구조의 안정성을 추구한 결과였으며, 금본위 제도 폐지는 화폐 가치 하락을 유도하여 빠른 경제 성장 대신에 불안정성을 야기했음이 분명하다. 4차 산업혁명의 등장과 함께 빠른 경제 성장 속도를 요구하는 현대 사회에서 금본위 제도로의 회귀는 없다. 그럼에도 우리가 금본위 제도를 공부해야 하는 것은 달러화의 불안정성의 해결책이 금본위 제도에 대한 변증법적 사고가 요구되고 있어서이다.

무역 전쟁은 최근 미 중간의 관세 전쟁으로 이목을 집중시키고 있다. 국가 간의 무역 전쟁이 근대에 들어서 파생된 개념이라고 생각할 수 있지만 무역 전쟁의 역사는 깊다. 독일의 한자동맹을 누르고 17세기 향신료 무역을 장악한 네덜란드와 스페인의 무적함대를 제압한 영국 간의 대대적인 무역이 그 예이다. 결과적으로 이 전쟁은 영국의 승리로 마무리 되었다. 더 나아가 이 전쟁으로 북미 대륙을 식민지화 하는 기반을 얻었다. 네덜란드가 오늘날의 뉴욕을 전쟁의 패배에 배상했기 때문이다. 영국과 네덜란드 간의 전쟁은 오늘날 미국의 건설을 불렀다.

　급속도로 변화하는 세계의 흐름은 한 치 앞도 평가하기가 힘들만큼 변화하고 있다. 고로 우리가 과거 금융적 흐름을 인식하지 못한 과오를 청산하기 위해서 심층적인 견해가 필요하다.

한재윤

2003년 경기도 화성에서 태어나 와우초등학교, 와우중학교를 졸업했다. 2016년 2월 국회의원상을 수상했다. 현재 고색고등학교에 재학 중이다.

글쓰기를 통해 세상의 더 많은 것들을 발견할 수 있었다. 더불어 세상 속 여러 문제들을 통찰할 수 있는 새로운 동기가 되었다.

세상 속 여러 문제들을 고등학생 1학년의 시야로 바라보며 글로 엮어냈다.

고등 문답집

초판인쇄 2019년 11월 25일
초판발행 2019년 11월 25일

지은이 한재윤
펴낸이 채종준
펴낸곳 한국학술정보㈜
주소 경기도 파주시 회동길 230(문발동)
전화 031) 908-3181(대표)
팩스 031) 908-3189
홈페이지 http://ebook.kstudy.com
전자우편 출판사업부 publish@kstudy.com
등록 제일산-115호(2000. 6. 19)

ISBN 978-89-268-9726-3 03040